RECHERCHES

HISTORIQUES ET ARCHÉOLOGIQUES

SUR L'ÉGLISE DE BROU,

PAR M. J. BAUX,

ARCHIVISTE DE L'AIN.

Extrait de la Revue du Lyonnais

RECHERCHES

HISTORIQUES ET ARCHÉOLOGIQUES

SUR

L'ÉGLISE DE BROU,

PAR M. J. BAUX,

ARCHIVISTE DE L'AIN.

APPRÉCIATION ANALYTIQUE,

PAR

M. P. GUILLEMOT,

MEMBRE DE LA SOCIÉTÉ ROYALE D'ÉMULATION

DE L'AIN.

LYON.

IMPRIMERIE DE L. BOITEL,

QUAI ST-ANTOINE, 36.

1844.

RECHERCHES
HISTORIQUES ET ARCHÉOLOGIQUES
SUR L'ÉGLISE DE BROU,

PAR M. J. BAUX,

ARCHIVISTE DE L'AIN.

'ARCHÉOLOGIE du moyen-âge est un vaste champ toujours et utilement exploré. Encouragé par le goût moderne et par l'aide généreuse du gouvernement, le mouvement des esprits appliqués à cette étude, loin de se ralentir, prend une activité croissante. Ainsi, de nombreux écrivains, paléographes habiles, livrés à de persévérantes recherches, fouillent les archives nationales et les collections de manuscrits, pour éclairer, à l'aide de documents nouveaux, cette longue période, intéressante, ignorée en partie ; admirateurs zélés de son art religieux, ils en étudient les monuments, les décrivent avec une savante précision, et les expliquent par l'histoire.

A la province appartient une grande part de cette pénible et consciencieuse élaboration. Dans le calme de la retraite, loin du foyer de la centralisation littéraire, d'où sortent tant de productions étincelantes et souvent éphémères, de studieux archéologues, répudiant les profits et la popularité d'une littérature facile, aspirent, par des œuvres sérieuses, à enrichir la science et à s'acquérir les suffrages des hommes graves et d'un goût éclairé.

M. Baux appartient à cette école : il vient d'y prendre une place honorable par la publication de ses *Recherches archéologiques et historiques sur l'Église de Brou.*

Brou ! ce mausolée religieux, élevé par l'amour et l'inconsolable douleur d'une grande princesse, ce curieux et dernier épanouissement du style ogival, Brou, après avoir inspiré des poètes, était un beau sujet de recherches et d'études pour un écrivain archéologue. Sa date ne remonte pas à une haute antiquité, et, néanmoins, sa construction, son architecte, les sculpteurs et les peintres de sa merveilleuse ornementation, de ses admirables tombeaux, tout cet ordre de faits intéressants à connaître était tombé dans le domaine de l'ignorance et de la confusion. A défaut de documents ensevelis dans la poussière des archives, les légendes et les fables enveloppaient l'origine de ce temple votif, objet de tant de curiosité et de tant d'admiration. Aussi, le visiteur, charmé à l'aspect de ce monument, si harmonieux par son homogénéité, si beau par sa décoration, si original par ses emblêmes et ses devises mystérieuses, était en même temps livré à la perplexité du doute, lorsqu'il s'enquérait des maîtres de l'œuvre et des faits de son édification.

M. Baux a soumis à une longue investigation toutes ces choses ignorées, obscures ou incomplètement connues. Dans ce travail, il a eu le bonheur de découvrir les papiers des vieux Augustins de Brou, et les registres de l'ancienne municipalité de Bourg. C'était une mine riche en documents précieux ; elle eût suffi à un auteur pressé, comme il en est aujourd'hui, pour faire un livre, qui, certes, n'eût pas manqué d'intérêt ; M. Baux, pénétré de l'ampleur et de l'importance de son sujet, a encore demandé aux archives étrangères, aux collections particulières, aux bibliothèques des grandes villes, tout ce qui pouvait compléter ses études. Au moyen de tous ces éléments, recueillis et mis en œuvre avec un incontestable talent, M. Baux a fait un livre dont la valeur archéologique et les documents inédits seront plus spécialement appréciés des érudits, mais dont la partie historique et la monographie doivent captiver l'intérêt de tous les lecteurs.

Telle est l'impression que nous a faite ce livre : nous en esquissons l'analyse, suivant l'ordre de ses divisions.

I.

MARGUERITE D'AUTRICHE.

Fortune infortune fort une.

La biographie de Marguerite d'Autriche, fondatrice de l'église de Brou, était le préambule obligé de l'histoire de cet édifice, tant cette princesse a imprimé, sur ce monument de son deuil et de sa piété, le sceau de sa personnalité ! Là, elle repose sous un dais d'albâtre d'une indicible magnificence ; à ses côtés, Philibert-le-Beau, son époux si regretté ; partout, à l'extérieur, à l'intérieur de ce royal mausolée, brillent leurs effigies, leurs devises, leurs chiffres entrelacés, et les nombreux écussons de leur haute généalogie. Il était donc indispensable de retracer la vie et les qualités éminentes de cette princesse flamande, fille d'empereur, petite-fille de Charles-le-Téméraire. Nous en félicitons l'auteur, car une belle figure historique, trop négligée par les historiens, s'est présentée à ses pinceaux.

Caractère à la fois romanesque et grave, esprit fin et orné, cœur noble et tendre, telle fut Marguerite, telle nous l'a dépeinte son historien. Et quelle étrange et fatale destinée que la sienne ! Quelle existence traversée par des vicissitudes bizarres, et dont la dernière moitié occupe un rôle saillant, principal, dans la politique de cette grande époque de la Renaissance !

Aussi, pour retracer cette illustre existence, ces nobles infortunes, l'auteur des *Recherches* a-t-il puisé à toutes les sources; historiens flamands, italiens, poètes, chroniqueurs du XVIe siècle ont été consultés ; plusieurs contribuent au charme d'une narration attachante, variée, parsemée de citations piquantes, de particularités neuves, et de graves considérations historiques.

Les évènements de cette vie dramatique commencent au berceau de Marguerite. A peine âgée de 3 ans, elle perd sa mère, Marie de Bourgogne, et devient la proie des habiles machinations de Louis XI. Déjà ce monarque astucieux avait accepté, avec serment, pour épouse du Dauphin, une princesse d'Angleterre, mais la foi jurée était pour lui chose si minime, et Marguerite était un si beau parti, qu'il n'hésita pas à se parjurer. L'intérêt des Flamands prévalut aussi sur les dangers d'une semblable fourberie.

Mariée au Dauphin, élevée par les soins de la vertueuse duchesse d'Orléans, au château d'Amboise, Marguerite, cette tendre fleur, ne devait pas s'épanouir au soleil de France ; repudiée par une politique déloyale, rendue aux Flamands, elle est remariée à 17 ans au prince de Castille.

C'est en allant en Espagne, dans sa traversée par mer, après et non pendant une affreuse tempête, qu'elle improvisa l'épitaphe badine, si connue, d'une spirituelle originalité, objet, dans le livre de M. Baux, d'une judicieuse rectification historique.

Ce mariage avec l'héritier de la couronne d'Espagne eut une prompte et malheureuse fin. Le prince mourut dans l'année même, laissant sa jeune veuve brisée par la douleur.

Après deux ans passés à la cour de l'Empereur, son père, adonnée à la culture des lettres et des arts, sans rester étrangère aux affaires publiques, Marguerite, la princesse la plus accomplie de son temps par les grâces de sa personne et les agréments de son esprit, fut recherchée par de hauts prétendants, et leur préféra Philibert-le-Beau, duc de Savoie.

Modifiant les qualités de ce prince, flatté par les historiens officiels de la maison de Savoie, l'auteur des *Recherches* en fait un portrait moins partial et plus vrai : il le peint, d'après des autorités moins suspectes, livré exclusivement à ses plaisirs, aimant le faste, la chasse avec passion, peu apte aux affaires, laissant à d'autres mains le gouvernement de ses états, du reste aimé de ses sujets pour son aménité et sa bonne mine.

Epouse du duc de Savoie, Marguerite appartient désormais à la province de Bresse, sa patrie adoptive, sa terre d'affection.

La description de l'entrée solennelle des jeunes époux dans leur bonne ville de Bourg, et de la belle réception qui leur fut faite, comprend dans la biographie plusieurs pages pittoresques, empreintes d'une vive couleur locale. C'est un tableau plein d'animation et de détails, rendus avec une scrupuleuse exactitude, sans nuire à l'effet de l'ensemble. Cette naïve société d'alors semble avoir posé devant l'auteur: elle délibère, s'émeut, s'agite avec son esprit, sa physionomie et son costume. Nous regrettons de ne pouvoir dans les limites de cette analytique appréciation, insérer le récit des fêtes et des divertissements où les figures allégoriques et les personnages de la fable jouent un si beau rôle; toutefois, nous reproduisons l'entrée de Marguerite, point principal de ce tableau *moyen-âge* qui excitera surtout un vif intérêt dans la cité qui fut le théâtre de cette municipale solennité.

« Bientôt la foule d'accourir devant la Maison-de-Ville, d'où l'on vit sortir le corps municipal, précédé des syndics, vêtus de robes rouges, l'un d'eux portant sur un plat d'argent les clés de la ville. Le corps s'achemina solennellement, au son de la trompe, jusqu'à la porte de la Halle, où il était à peine arrivé, qu'une fanfare guerrière et le hennissement des chevaux annoncèrent la présence du cortége ducal, à la tête duquel paraissaient Philibert et Marguerite. A la vue du jeune couple, des cris de joie et des vivat s'échappent de toutes les bouches. Sur une haquenée, entièrement couverte d'une riche draperie aux armes de Bourgogne et agitant sur sa tête une touffe de plumes blanches, s'avançait Marguerite, portant la couronne ducale. Un voile tissu d'argent laissait entrevoir son gracieux visage, encadré de longues tresses de cheveux blonds. Une robe de velours cramoisi, brochée d'or, au bas de laquelle se relevaient en bosse les écussons d'Autriche et de Savoie, dessinait sa taille. D'une main, elle tenait les rênes de sa monture;

de l'autre, elle saluait la foule, pendant qu'à sa droite, sur un cheval fougueux et souple, caracolait le beau duc Philibert, ravi de l'enthousiasme qui éclatait sur le passage de sa noble épouse..... Les syndics, un genou en terre, présentèrent au duc et à la duchesse les clés de la ville. Alors le chef de la municipalité, noble Jehan Palluat, débita une harangue, hérissée, suivant la rhétorique de l'époque, de pensées bizarres, d'expressions ampoulées, de pointes, de calembourgs.... Entré dans la ville, le cortége ducal mit pied à terre; alors s'avancèrent auprès de la princesse deux personnages, noble Geoffroy Guillot, capitaine de la ville, et Thomas Bergier, l'avocat fiscal. Au premier, le Conseil avait réservé l'honneur d'expliquer à la princesse le sujet des mystères, moralités et allégories qui allaient être représentées. La fonction de l'avocat fiscal consistait à tenir déployé sur la tête de la princesse un poële en manière de dais portatif. »

Pendant trois années d'amour et de bonheur, nous voyons encore Marguerite, gracieuse souveraine, présider aux fêtes et aux tournois dans lesquels Philibert-le-Beau signale sa vigueur et son adresse; et, joignant aux charmes de son esprit une rare aptitude aux affaires, prendre en main le gouvernement du duché, abandonné, avant elle, à l'omnipotence de René, bâtard de Savoie.

Parfois aussi elle accompagnait son époux dans ses chasses fréquentes pour modérer sa bouillante ardeur; hélas! tendres et justes allarmes! ce prince devait bientôt périr victime de ce goût effréné. Il chassait, un jour d'excessive chaleur, dans la plaine de Loyette, sur les bords du Rhône; s'étant arrêté, couvert de sueur, à St-Vulbas, auprès d'une fontaine, pour s'y rafraîchir, il mourut de cette imprudence quelques jours après, au château du Pont d'Ain, dans les bras de Marguerite.

Nous ne dirons pas le désespoir et la déchirante douleur de cette malheureuse princesse; il faut en lire le touchant récit dans le livre de M. Baux.

Le prince fut inhumé pompeusement au prieuré de Brou.

La plaie que fit au cœur de Marguerite cette perte cruelle ne se ferma jamais, elle n'eut plus qu'une seule pensée de deuil: *élever à son époux, à elle-même, un tombeau pour y réunir leurs dépouilles mortelles, pour être,* selon la belle expression d'un poète contemporain, *leur dernière couche nuptiale.*

L'exécution de ce projet de deuil accomplissait encore un vœu de Marguerite de Bourbon, mère de Philibert-le-Beau. Dans cette même plaine, où ce prince avait trouvé la mort, son père, chassant aussi, avait fait une chûte de cheval dangereuse. Marguerite de Bourbon fit vœu, si son époux guérissait, de fonder à Brou un couvent de Bénédictins, mais, prévenue par la mort, elle en avait légué l'accomplissement à son fils.

En résumant les diverses phases de cette trilogie nuptiale, dont le dernier acte est d'une péripétie pathétique, l'historien de Marguerite nous apprend que cette princesse avait adopté une devise, après chacun de ses infortunés mariages. La dernière de ces devises, expression figurée de sa douleur, est encore le corollaire des deux autres; elle est inscrite en cent endroits, au mausolée de Brou :

FORTUNE INFORTUNE FORT UNE.

Quoique plusieurs écrivains anciens en aient expliqué le sens, cette devise a été énigmatique jusqu'à ce jour par l'effet du jeu de mots qu'elle présente, comme c'était alors de mode. Grophœus, contemporain de la princesse, et qui a fait un poème latin à sa louange, l'a traduit ainsi: *fortuna infortunat fortiter unam.* La fortune infortune (persécute) fort une (femme). Il suffit de cette traduction pour démontrer qu'elle ne peut pas avoir un autre sens.

C'est le propre des grandes douleurs de se plaire aux choses qui leur servent d'aliment. Marguerite continua de résider au château du Pont-d'Ain qui lui rappellait une félicité sitôt évanouie, et le dernier soupir de son époux. Dans cette retraite, ayant constamment en vue la construction de son monument funèbre, pour disposer de toutes ses ressources, elle réclama le paiement de son douaire au successeur de Philibert. Après quelques difficultés, aplanies par l'empereur son père, cette affaire réglée, elle se mit aussitôt à l'œuvre, et la première pierre du sanctuaire de l'église de Brou fut posée par elle au printemps de l'année 1506 : elle avait donné ses ordres à Laurent de Gorrevod pour faire dresser les plans et les devis.

L'édifice monumental s'élevait sous ses yeux, lorsqu'en 1508 des nécessités politiques l'appelèrent au gouvernement des Pays-Bas ; elle céda aux sollicitations de son père et s'éloigna des lieux auxquels son cœur était attaché.

Cette dernière moitié de la vie de Marguerite appartient surtout à l'histoire générale, par l'influence que cette princesse exerça sur les principaux évènements de cette époque.

Toujours muni de documents intéressants, son biographe la produit sur cette scène des grandes choses, sans négliger les particularités de sa vie intime. Nous y voyons cette régente habile enrichir les Pays-Bas d'une prospérité croissante, en les tenant en paix au milieu de la conflagration générale ; faire fleurir les lettres et les arts ; diriger sous ses yeux l'éducation de son jeune neveu, qui fut depuis Charles-Quint ; préparer ce grand règne par des négociations heureuses ; toujours préoccupée de l'agrandissement de la maison d'Autriche et de l'abaissement de la France, dont elle n'oublia jamais les torts envers elle, écraser à cette double fin la puissance vénitienne, par la ligue de Cambrai dont elle fut l'ame, et, plus tard, conclure dans la même ville, avec Louise de Savoie, plénipotentiaire de François Ier, « ce traité de paix, si avantageux à l'Espagne, si ruineux et si humiliant pour la France; prendre ainsi une part considérable dans ce grand mouvement de la Renaissance, en portant dans le maniement des affaires une intelligence ferme et nette, une souplesse d'esprit et une persévérance de combinaisons qui révélèrent à l'Europe, dans cette femme, un véritable homme d'Etat. »

Ces choses accomplies, « le soir de la vie arrivait, Marguerite avait mis chaque chose à sa place (1), le monument de Brou touchait à sa fin ; au milieu des plus grandes préoccupations politiques, la princesse n'avait cessé de porter sur cet édifice une vive sollicitude ; elle lui avait envoyé de Flandre de l'or et des artistes, un maître de l'œuvre et des sculpteurs, pour que le type de l'architecture rappelât sa nationalité flamande et le pays qui l'avait vu naître. »

Elle allait visiter ce monument élevé si loin de ses regards, puis elle allait réaliser un projet conçu dans l'agitation des affaires, le projet de passer le reste de sa vie dans la retraite d'un cloître, lorsqu'elle mourut à Malines en 1530, âgée de 52 ans, ayant été 25 ans gouvernante des Pays-Bas. Deux ans après, ses dépouilles mortelles furent transférées à Brou, et déposées en grande pompe sous son mausolée, achevé seulement à cette époque.

Nous avons analysé succinctement cette biographie assez étendue, enrichie de citations et de fragments intercalés avec art dans la narration, et de documents curieux qui donnent à ce travail historique un grand intérêt, tout en constituant une composition littéraire d'un ordre sérieux.

(1) M. Quinet, Brou.

II.

MONOGRAPHIE.

> Après tout estant léans (à Brou) semble que voyez un songe et ne savez à quoy premièrement addresser voz yeux pour les repaistre, parcequ'une chascune chose se convie à regarder comme un nouveau spectacle.....
>
> PARADIN, CHRONIQUE DE SAVOIE.

Sous le titre modeste de *Recherches*, le livre de M. Baux est une œuvre dont la liaison des parties forme un tout d'une remarquable suite, semblable par son homogénéité au monument qu'il décrit. Sa monographie, placée entre deux histoires qui l'éclairent et qui la complètent, l'histoire de Marguerite et l'histoire du monument, est encore notable, en ce qu'elle constitue à l'auteur une sorte de gloire toute spéciale; le premier, il a trouvé, précisé le caractère architectoral de Brou, comme édifice flamand. A ce genre de mérite exceptionnel s'allient des qualités incontestables; ses appréciations architectoniques sont d'une judicieuse sagacité; sa manière descriptive est toujours exacte, soutenue, correcte, d'un coloris agréable, excluant tous les effets prétentieux du charlatanisme littéraire.

Le monument qu'il décrit, il ne le montre pas à travers le prisme, aux couleurs fausses, d'une imagination déréglée, ni avec les traits froids et réservés d'un esprit peu sensible à toutes ces beautés de l'art; il a su les reproduire avec des couleurs si vraies, si vives, si appropriées au sujet et en même temps à l'importance de son livre, qu'il est juste encore de constater ce genre de mérite.

Sa monographie s'ouvre par un contraste ingénieux, d'un effet saisissant. Pour démontrer « que tout monument révèle à l'œil qui sait l'observer son époque, sa destination spéciale, et la pensée qui a motivé son érection, » il compare et décrit en traits caractéristiques les deux églises ogivales, élevées à Bourg dans les premières années du XVIe siècle, l'une plébéienne et roturière avec les modestes chapelles de Saint-Roch, de Saint-Crépin et de Saint-Joseph, représentants des classes laborieuses ; l'autre, église princière, étalant les insignes les plus éclatants des grandeurs terrestres.

A ce commencement du XVIe siècle, Bramante jetait les fondations de Saint-Pierre-de-Rome, chef-d'œuvre gigantesque de la Renaissance : il portait, avec Michel-Ange, l'art italien à son apogée, lorsqu'à cette même époque, un maître architecte de Flandre décorait ainsi pour le deuil fastueux d'une princesse le dernier monument du style ogival.

Cet art du moyen-âge, après avoir élevé de sublimes basiliques, au bout de sa période de trois siècles, « se recueillit dans un dernier effort et se construisit à lui-même son tombeau dans l'église de Brou (1). »

Mais, quelque effort qu'il ait fait pour cette expansion finale, il a laissé, empreintes sur ce monument, les marques de sa décadence. Soumise à la loi inflexible des choses, sa vieillesse pouvait-elle avoir l'élan et l'énergie d'un âge plus vigoureux ? Le plan de l'édifice d'un style peu relevé, sa façade tourmentée par la complication des lignes et la multiplicité des détails, façade pittoresque d'ailleurs, ses voûtes abaissées, ses piliers énormes eu égard à leur élévation, son clocher, un peu lourd, relégué tristement près du chevet, le cintre surbaissé occupant la place de l'ogive dans les ouvertures d'entrée, tous ces signes n'attestent-ils pas une architecture

(1) M. Quinet, Brou.

vieille et défaillante ? Ces défauts de l'âge, par nous groupés dans une phrase, M. Baux ne pouvait les omettre ni les affaiblir dans sa monographie ; mais pénétré d'admiration pour les mille beautés qui les rachètent, il les a mentionnées avec la réserve que prescrivent tant de compensations.

Si l'architecture ogivale, à son dernier terme, substituait la profusion des ornements à la sévérité et à la vigueur des lignes, si elle accusait ainsi sa dégénérescence, la sculpture et la peinture, l'art de peindre sur verre et sur émail, l'art de la ciselure, enfin, l'art proprement dit arrivait à sa transformation, avec sa verve et sa richesse, sans perdre toute sa naïveté, sa physionomie pittoresque, sa finesse exquise; il avait encore acquis, par le temps, de la pureté dans les lignes et un certain reflet du beau idéal de la Renaissance; son progrès allait jusqu'à l'adoption du nu. On est saisi d'admiration à Brou, en contemplant ces statues des tombeaux, sculptées aux portes de l'Italie par des maîtres simples et modestes, dont les noms sont à peine arrivés jusqu'à nous, et qui n'ont eu aucune communication avec les artistes superbes de Florence et de Rome. Ces maîtres imagiers n'ont pas, sans doute, le grand goût italien, sa science anatomique, ses poses étudiées et ses études de l'antique ; mais en revanche ils ont un charme de simplicité, de grâce naïve, d'expression pittoresque et une aussi grande habileté de main. Ces considérations expliquent les défauts et les beautés de Brou.

Démontrant d'abord le type architectoral de cette église, bâtie par un seul architecte flamand, sur la prescription d'une fondatrice flamande, M. Baux le constate, à l'aide d'indices qui ne se rencontrent que dans les Pays-Bas, de Bruges à Strasbourg; tels sont, entre autres indices, son pignon suraigu aux côtés recourbés, masquant le toit par son développement ; son magnifique jubé, brodé à jour, semblable à celui de la collégiale de Louvain; ses ouvertures d'entrée à cintre surbaissé ; marques distinctives de sa parenté, avec quelques églises des Pays-Bas, de sa dissemblance avec celles du même âge qui avoisinent cette belle étrangère.

Ces analogies et ces différences sont supérieurement traitées dans la monographie, ainsi que les singularités qui font de Brou un édifice à part.

Parmi ces singularités curieuses et dignes des regards de l'archéologue, mentionnons en première ligne cette charmante petite colonne, se détachant du massif et décrivant un coude pour avoir l'air de soutenir la base des riches consoles qui supportent les statuettes, car nous avons été le champion de son originalité et de son ingénieux motif. Son monographe la dénomme colonne-coudée.

Puis vient l'emploi du *lobe* en grand dans l'ornementation. M. Baux, dans une dissertation technique, apprécie ses différentes modifications comparativement aux lobes qui sont aux baies des diverses époques ; il l'examine surtout au point de vue de l'innovation par sa fusion à la pyramide tangente à l'ogive; nos propres observations, insuffisantes sur ce point, ne nous permettent pas l'appréciation critique de ses assertions ; mais, considérés *comme effet*, ces lobes, aux inflexions si diverses, qui pendent en festons sous les arceaux qui brodent les archivoltes, qui dessinent les treillis des balustrades, ces lobes, aux branches striées, aux flancs arrondis, lancéolés, aux pointes épanouies, ces lobes aux figures variées dans les arabesques des tombeaux, des culs-de-lampe, des dais, ont une grande part dans l'ornementation de Brou, et attestent la fertile imagination de son architecte.

Décrire les choses spéciales à ce monument exceptionnel, c'est en quelque sorte décrire tout le monument. Quel autre, en effet, plus pittoresque et plus étrange ! Quel autre surtout, comme celui-ci, porte l'empreinte de la pensée qui l'a créé, et offre de toutes parts l'individualité de sa fondatrice?

Indépendamment de ces tombeaux où reposent les figures mortes et vivantes de Marguerite et de Philibert, au tympan de la grande ouverture de la façade, aux vitraux du sanctuaire, ils adorent à genoux J.-C. ou la Ste-Vierge, assistés de leurs saints patrons ; partout leurs chiffres unis par des lacs d'amour sont sculptés sur les moulures ; partout leurs écussons armoriés, partout en caractères déliés la devise de l'infortunée Marguerite, son dernier cri de douleur ; partout aussi brille la corolle radiée de sa fleur symbolique.

M. Baux, tout pénétré qu'il est du goût littéraire de la princesse, voit, attachée par un cordon finement sculpté, à la tige de cette fleur, « une plume, symbole de l'intelligence, autre titre de noblesse, revendiqué par la fille des empereurs : » c'est une pensée fort ingénieuse sans doute, mais, selon nous, elle repose sur une erreur de fait. Au lieu d'une plume, nous avons toujours vu là une palme, attribut de sainte Marguerite, vierge et martyre, patronne de la princesse et dont la figure est plusieurs fois peinte ou sculptée dans le monument. Cette palme nous paraît une modification pieuse à ce fastueux étalage dans un temple chrétien de toutes ces pompes terrestres ; et, d'ailleurs, on y voit aussi entrelacés les lys de Marguerite de Bourbon ; ils indiquent que tous les emblèmes ne se rapportent pas exclusivement à la fondatrice.

Dans cette église éminemment aristocratique, la façade principale est le riche frontispice des merveilles du sanctuaire. Mais du seuil de son ouverture jusqu'au transept, nul ornement ; c'est la part réservée au peuple. Cette nudité marquerait-elle donc cette ligne prononcée que les grands alors traçaient entre eux et le peuple? ou bien serait-ce une pensée d'artiste à l'effet d'un contraste? M. Baux n'a pas assez accusé ce défaut d'ornement, singularité des plus notables dans un monument où le style fleuri a sa plus grande expansion.

L'entrée du sanctuaire, quoique dépouillé de ses belles briques émaillées, présente aux yeux éblouis une prodigieuse agglomération de richesses dans un espace limité. C'est certainement le musée le plus curieux de l'art à cette époque.

Au revers du jubé et aux faces latérales sont des stalles en chêne bruni par le temps, et d'une si surprenante exécution de ciseau, d'un détail si fini que le monographe, sous peine d'être un peu long, doit renoncer à toute description minutieuse. Sur cette grande boiserie, sculptée en relief et délicatement ciselée, sont des scènes de l'Ancien Testament, des statuettes de patriarches, des prophètes inspirés, sous leurs dais brodés, des chimères effrayantes, des anges, des figures sardoniques ou d'une bestialité horrible, puis avec profusion tout le genre ornemental du monument, des choux frisés et des crosses végétales, l'élégante colonnette coudée, des rinceaux et des arabesques, des festons et des galeries où le lobe subit sa charmante dépravation, immense et minutieux travail d'*orfévrerie* qui confond l'imagination et qui vous laisse toujours partir avec le regret de n'avoir pas tout vu.

Après ces stalles, sont les fameux tombeaux en marbre blanc des deux princesses et le tombeau de Philibert au milieu.

M. Baux est l'intelligent interprète du langage muet de ces trois augustes personnages, couchés vivants sur les tables supérieures : il a très bien décrit la grâce ravissante de ces génies qui les entourent et de ces figurines qui pleurent, ou qui représentent des vertus symboliques près des mêmes personnages *morts*, dont les corps presque nus sont sculptés étendus, dans l'intérieur, visibles par des ouvertures d'un travail exquis; et l'indicible opulence du dais de Marguerite d'Autriche et le tombeau de Marguerite de Bourbon, *moins remarquable, et qui serait encore partout ailleurs une merveille*. Bien qu'il ait avec le même talent descriptif reproduit les beautés saillantes du tombeau de Philibert, le plus goûté des connaisseurs, il a omis de caractériser ce qui le distingue des deux autres, à savoir l'absence, *à sa partie supérieure*, de cette décoration un peu efféminée du style fleuri : les six génies qui s'y dessinent à découvert, tenant les armes et les écussons du duc, debout, autour de sa figure vivante, par leurs attitudes et leur nudité, forment un groupe d'un aspect-renaissance tout-à-fait remarquable; quelques détails même y semblent appartenir à ce style, entre autres les ornements qui sont au fourreau de l'épée. Les tombeaux des ducs de Bourgogne, au musée de Dijon, ont la plus grande analogie, *quant à la disposition*, avec le tombeau de Philibert, mais leurs anges aux grandes ailes, aux robes flottantes sont dans le goût moyen-âge.

Le rétable ou maître-autel a été omis à dessein dans la monographie, parce qu'il est moderne et d'une médiocrité qui rehausse les marbres du XVIe siècle. C'est avec peine et à trop grands frais que nous pouvons refaire ce qui a été brisé par les hommes souvent plus destructeurs que le temps.

Sur ces magnificences du sanctuaire, les cinq vitraux peints de l'abside répandent leur lumière diaprée. Les verrières de Brou feraient à elles seules la matière d'un chapitre important. M. Baux a resserré dans quelques pages l'explication des sujets et l'appréciation de ces peintures transparentes, où sont les portaits de Marguerite et de Philibert-le-Beau, car les figures des tombeaux nous semblent idéalisées; les armoiries de leurs royales généalogies; des sujets de l'Ancien et du Nouveau Testament; des grisailles curieuses imitant des bas-reliefs; dans le réseau des baies, une foule de petits détails intéressants. La vivacité des couleurs, la correction du dessin, l'admirable exécution des draperies classent ces verrières parmi les plus belles qui soient en France, terre classique au moyen-âge de la peinture sur verre. A peu près à cette époque, Jules II, sur l'avis de Raphaël et de Bramante, fit venir de France, deux célèbres peintres verriers, Me Guillaume de Marseille et Me Claude : l'Italie admira leurs œuvres, célébrées par Vasari. Deux raisons nous induisent à penser que les vitraux de Brou ont été peints par des flamands ; l'architecte y appela des maîtres ouvriers de Flandre ; et, au témoignage de plusieurs, ces vitraux ont leurs analogues dans les Pays-Bas.

La chapelle de la sainte Vierge, continuation latérale du sanctuaire, dont le tombeau de Marguerite d'Autriche occupe une partie de l'ouverture, a le dessus de son autel décoré d'une immense paroi d'albâtre, où sont sculptés, à compartiments fortement fouillés, les principaux faits de la divine existence de Marie. Ce magnifique morceau est très curieux, et par son ornementation qui soutient le voisinage du tombeau de Marguerite, et parce que l'humble Vierge y est représentée avec le costume et l'ameublement d'une grande dame, sans doute pour que la fastueuse princesse ne fût pas trop humiliée par la trop grande simplicité de Marie.

A côté de cet autel, on voit un vitrail dont le principal sujet est l'Assomption et le couronnement de la sainte Vierge. Dieu le Père et J.-C. posent sur le front de Marie une couronne d'impératrice.

Ici vient se placer l'observation suivante de M. Baux : « Une remarque qui ne saurait échapper à un observateur attentif, c'est que toutes les compositions des sculpteurs et des peintres dans le sanctuaire de Brou ont pour objet la glorification de la femme. On n'y trouve pas même l'effigie de saint Nicolas de Tolentin, patron de l'église, qui devrait, ce semble, y occuper le poste d'honneur. » Cette pensée est exacte, si elle s'applique à une princesse qui a imprimé sur ce monument les marques éclatantes de sa haute individualité, mais là est sa limite. Car, dans ce même sanctuaire, si la sainte Vierge y rayonne de gloire, tous les temples catholiques, dès la primitive église, n'ont-ils pas autant honoré la femme, choisie entre toutes, pour être la mère d'un Dieu qui a voulu relever l'humanité en s'abaissant jusqu'à sa condition ? Et d'ailleurs cette insigne glorification de la sainte Vierge, n'est-elle pas dominée, dans le vitrail, par le triomphe de J.-C., ayant derrière son char tous les personnages de l'Ancien Testament et devant lui tous ceux du Nouveau ? L'effigie de saint Nicolas de Tolentin devrait, il est vrai, occuper la place de la statue de saint André, patron de la Bourgogne, figure emblématique, érigée au centre de la façade par la fondatrice, pour marquer son ascendance maternelle. On avait l'intention de placer le saint patron de Brou au dessus du maître-autel, mais en attendant que son tableau fût fait, on y installa une copie du tableau de sainte Marie-Majeure, peint, dit la tradition, par saint Luc. Cette disposition provisoire fit adopter la fausse dénomination de *Notre-Dame de Brou.*

III.

HISTOIRE DE L'ÉGLISE DE BROU.

> Quel est l'ouvrier ! le grand maistre Loïs.

Cette épigraphe de M. Baux est extraite d'un poème intitulé : *le Blason de Brou, temple nouvellement édifié au pays de Bresse, par très illustre, très excellente et vertueuse princesse, Marguerite d'Autriche.*

Ce poème, écrit à la louange du monument et de son architecte, Me Loïs Van Boghen, est d'Antoine du Saix, commandeur de l'Ordre de Saint-Antoine de Bourg et aumônier du duc de Savoie. En 1532, A. du Saix avait prononcé l'oraison funèbre de Marguerite, lors de la translation de ses restes mortels dans son mausolée de Brou, oraison dans laquelle il exalte encore son grand architecte, Me Loïs. On ne connaît qu'un seul exemplaire de ce livre, imprimé à Lyon en 1533, date qui se réfère à l'achèvement de Brou. M. Baux a eu l'avantage de pouvoir le consulter.

Ce témoignage imposant d'un contemporain suffirait pour restituer à Van Boghen sa gloire ignorée ou méconnue, mais l'auteur des *Recherches* établit encore ce fait historique par de nouveaux documents nombreux, et, quelle que soit l'autorité de du Saix, plus irréfragables, car ce sont des actes authentiques.

Parmi ces titres découverts par M. Baux, nous avons discerné deux actes notariés : l'un, très important à l'histoire de Brou, est un procès-verbal du 20 juillet 1522, constatant tous les travaux exécutés dès l'origine jusqu'à cette date; Me Loïs Van Boghen y est qualifié d'architecte de l'église et du couvent, puis on déclare qu'il a fait jeter les fondations, bâtir le chœur, les chapelles, les oratoires, le transept avec ses deux portails et le clocher jusqu'à hauteur du faîtage; ensuite, sont énumérés les ouvrages d'imagerie exécutés sous sa direction, les sculptures, le rétable de la Vierge et une multitude de statues.

L'autre acte est une quittance par laquelle Me Loïs Van Boghen déclare avoir reçu la somme de 1037 florins (10,370 francs valeur actuelle) à compte de ses honoraires pour l'année 1531. On voit que les honoraires étaient à la hauteur du talent de l'architecte.

Dans les états de dépenses et frais de construction produits par M. Baux, figure encore Me Loïs *nobilis magister Ludo-*

vicus Van Boghen, architector totius aedificii de Brou.

Me Loïs eut l'occasion de rendre d'importants services à la ville de Bourg.

Le 1er décembre 1514, une grande partie de l'église Notre-Dame-de-Bourg s'écroula. Le conseil municipal décida que, pour relever l'édifice, on attendrait le retour de Van Boghen, alors en Flandre, où il allait passer la saison rigoureuse. A son retour, il dirigea les travaux de reconstruction, et il se montra désintéressé, car la ville, en marque de gratitude, lui offrit le vin d'honneur réservé aux personnages de haute distinction. Plus tard, lorsqu'il fut question, en 1536, d'élever le portail et le clocher de la même église, on suivit l'*ordonnance verbale de Monseigneur Loïs, jadis maître de l'édifice de Brou.*

Passons aux sculptures des tombeaux et aux statues: qui les a faites?

> Maistre Conrad, le consommé tailleur.
>
> *Blason de Brou.*

Les documents qui sont au recueil de M. Baux, confirment encore cet autre témoignage de du Saix; ils démontrent que Me Conrard Meyt et ses imagiers firent toutes les sculptures d'après les cartons de Van Boghen, selon le *pourtrait fait par maistre Loïs.*

« Sept années furent employées par Conrard à l'exécution des statues des deux Marguerite, de Philibert-le-Beau, des génies qui les environnent. Dans cette période de 1526 à 1532, furent aussi confectionnées les verrières et les boiseries du chœur. »

Me Loïs était un homme violent, il eut des démêlés assez vifs avec Me Conrard. Une ordonnance de 1530, de M. de Marnix, trésorier de la Princesse, nous apprend que ce personnage fut obligé d'y mettre ordre, pour que les travaux n'en souffrissent pas.

Après avoir fait dresser le plan et les devis de son église, Marguerite vint à Bourg à la fin de mai 1505, pour ordonner les premiers travaux. Le 27 août de l'année suivante, les fondations étant creusées et la grosse maçonnerie commencée, elle posa la première pierre en présence des Augustins de Lombardie, installés le même jour dans le prieuré, modifiant ainsi le vœu de sa belle-mère qui avait désigné des Bénédictins.

Les constructions de l'église et du couvent furent poursuivies sans interruption. Tous les matériaux étaient fournis par la princesse, propriétaire des carrières de Ramasse, d'où fut extraite cette belle pierre blanche si propre aux sculptures délicates et légères. On tira l'albâtre de Poligny, le marbre noir de Vaugrineuse, partie nord-est du Revermont, et le marbre blanc de Carrare. Tous les ouvriers avaient leurs ateliers à Brou. Les verrières, les boiseries et les briques y furent fabriquées, peintes ou sculptées. L'histoire proclame pour la première fois le nom de l'artiste qui exécuta les briques peintes et émaillées de l'admirable pavé du sanctuaire, c'est Me François de Canarin.

A peu près achevée, l'église fut consacrée le 22 mars 1532 par Joly de Fleury, évêque d'Ebron *in partibus*. Malgré cette infinité de détails d'un travail si fini, elle fut construite dans l'espace de 27 ans, sous la direction d'un seul architecte, ce qui explique son harmonieux ensemble et ce qui ajoute à son caractère exceptionnel, car nul édifice de cette importance, que nous sachions, ne fut terminé en un temps si court.

Si Me Loïs a fait éclater la verve et la fécondité de son imagination dans la décoration de son chef-d'œuvre, il peut être justement critiqué pour n'avoir pas pris la précaution nécessaire à la conservation de l'édifice. Son système pour l'écoulement des eaux pluviales fut si mal pratiqué que, dès 1535, le monument à peine achevé fut dégradé par l'infiltration des eaux dans quelques parties des voûtes inférieures.

Les Augustins, à diverses reprises, réclamèrent aux exécuteurs testamentaires de Marguerite, les sommes pour les réparations indispensables. Enfin, en 1548, vint de Flandre un agent de Charles-Quint, le sieur de Cormaillon, accompagné de deux maîtres flamands; il fit exécuter tous ces travaux et en même temps sculpter le grand bénitier de marbre noir, placé à la droite de l'entrée principale.

Neuf ans après, un évènement caractéristique de cette époque rendit toutes ces dépenses à peu près inutiles.

La garnison de Bourg était en grande partie composée de gascons la plupart huguenots. Une bande de ces soldats indisciplinés entra un jour, par surprise, dans le couvent de Brou et le saccagea : le plomb des toitures de l'église fut enlevé, et un beau jeu d'orgue fut brisé pour en fondre les tuyaux.

Les suites de cette dévastation furent déplorables, car les Religieux, dépourvus de ressources, s'adressèrent en vain au roi de France Henri II, et, malgré les précautions prises, ils ne purent empêcher le dégat causé par les eaux.

Philibert-Emmanuel, duc de Savoie, réintégré dans ses états par la paix de Cateau-Cambrésis, vint à Bourg, en 1569, élever cette forteresse octogone, rasée trente et un ans après par Henri IV. Ce prince se montra bienveillant aux Augustins et très disposé à réparer le monument, mais ses finances épuisées ne lui permirent que des dons exigus, suffisants toutefois pour prévenir la ruine d'une partie de l'édifice.

Peu de temps après, le clocher, bâti en pierres de mauvais choix, éprouva des dégradations assez notables. Son amortissement était alors un dôme en forme de couronne impériale, avec un campanile surmonté d'un globe. Cette couronne, désignant le mausolée de la fille des Césars, devait être d'un grand effet dans la perspective de l'ensemble ; aujourd'hui que la tour est dépouillée de cet insigne, il serait injuste de la juger, comme si la mutilation n'eût pas abaissé sa grandeur.

Les pauvres Augustins, qui toujours réclamèrent de nouveaux secours, n'obtinrent que des sommes insuffisantes des princes de Savoie, puis des rois de France, leurs nouveaux souverains. Enfin, avec les revenus affectés à leur fondation, incapables de pouvoir non pas réparer, mais entretenir leur église, ils furent remplacés en 1559 par des Augustins déchaussés de France. Cette petite révolution, opérée dans le couvent de Brou par Louis XIV, à l'instigation de la maison de Savoie, fut très favorable au monument. Les nouveau-venus, d'une congrégation plus riche, se mirent aussitôt à reconstruire le clocher qui menaçait d'écraser, par sa chûte, la partie contigue de l'édifice. On fut obligé, à regret, de supprimer le dôme pour y substituer une flèche plus légère, en bois, recouverte de ferblanc. Cette opération coûta 18,700 livres. Les voûtes et les toitures altérées, pourries, dégradées, furent aussi réparées, d'après un devis de deux architectes lyonnais et au prix de 45 mille livres.

Tel était l'état de délabrement de cette église, lorsqu'elle fut restaurée par les nouveaux Augustins. Ces religieux, pleins de sollicitude, changèrent encore, en 1750, le système d'écoulement des eaux, par une transformation de la toiture, refaite à la Mansard, telle qu'elle est présentement.

Brou était dans un parfait état d'entretien, lorsque la révolution éclata. Elle supprima, comme on sait, les congrégations religieuses et ordonna la vente des biens ecclésiastiques. Déjà les procès verbaux de vente étaient dressés portant le prix d'estimation de notre église à quarante mille livres, lorsque

M. Riboux, dont la mémoire sera longtemps honorée dans le département de l'Ain, la préserva de ce vandalisme, en obtenant de l'Assemblée Constituante que ce monument serait conservé par l'état, comme monument national.

Sous le régime de la Convention , les démolisseurs ayant trouvé les portes fermées, se bornèrent à briser quelques sculptures à la façade. Par ordre du proconsul Albitte, la flèche du clocher fut abattue, les cloches et le mausolée en bronze du seigneur de Gorrevod furent fondus, pour en faire des canons. Un autre représentant du peuple fit enlever du tombeau de Marguerite de Bourbon deux beaux génies soutenant une table en marbre, pour les envoyer à la Convention, dans l'intention d'y faire graver la nouvelle Constitution. Ce groupe, emballé avec peu de soin, fut brisé dans le trajet.

Depuis cette époque déplorable, l'édifice de Brou a reçu des soins réparateurs d'un prélat éclairé, et reçoit à ce moment même de la généreuse sollicitude du gouvernement le bienfait de sa restauration et presque de son ancienne splendeur.

Pour compléter cette notice nous avons extrait du livre de M. Baux ce précis sur l'église, dès son origine jusqu'à ce jour, après avoir fait ressortir la découverte principale de l'auteur, qui, ayant trouvé dans l'ombre des archives l'unique architecte de Brou, a replacé sa figure radieuse sur son piédestal historique.

Cette troisième partie des *Recherches* renferme encore des faits et des digressions intéressantes, mais l'ordre de notre travail nous impose de les omettre parce qu'ils appartiennent moins directement à l'histoire de Brou. M. Baux n'intéresse pas seulement à ses recherches le monumentaliste, il est entré assez avant dans le champ de l'histoire générale pour donner à son livre une importance d'un autre ordre; et il y a été amené fort heureusement, car les hommes et les choses d'une grande époque ont été en contact avec Brou. Charles-Quint, François

Ier, Philibert-Emmanuel le protègent, le visitent, l'admirent et lui laissent tous des marques de faveur ou d'illustration : Brou a été un centre et un type d'affaires religieuses et conventuelles ; la municipalité du moyen-âge y a débattu ses intérêts ; la peste, dont les ravages ont été si grands en 1504, y avait sa *maladrerie* ; la guerre y a porté ses dévastations ; il doit beaucoup à l'organisation des corporations artistiques. M. Baux a donc reproduit un époque émouvante, ses grands hommes, ses artistes, ses administrateurs, ses ouvriers, ses affaires et ses fléaux ; il n'a point été effrayé de ce canevas historique déroulé sous sa main, il l'a rempli dans une judicieuse mesure, souvent neuf, grâce surtout aux archives municipales de Bourg, toujours intéressant, correct, narrant parfois avec le charme du chroniqueur, parfois avec la gravité de l'historien, mais appuyant toujours chaque fait, chaque assertion de la pièce probante. Son œuvre fourmille de citations, de notes et de documents, fruit de ses habiles et patientes recherches ; son style a de l'élégance, de la pureté et de l'ampleur ; il a même de l'éclat dans quelques parties de la monographie et de la vie de Marguerite. Quel que soit le jugement que, chacun selon son goût, porte sur le talent de l'auteur, tous proclameront son livre comme un des plus consciencieux de notre temps ; à ce point de vue il sera plus spécialement accueilli des érudits. Un autre genre de mérite pour nous qui lui en trouvons beaucoup d'autres, c'est son caractère religieux. M. Baux ne marche point dans la voie de ces novateurs qui cherchent partout le mythe et qui le voient souvent où il n'est pas, altérant, corrompant ainsi le dogme vénéré de nos pères et la vérité historique ; l'auteur des *Recherches* respecte les croyances et ne met dans ses appréciations d'autre système que celui résultant de la raison et des documents tirés par lui de l'oubli.

Brou a donc trouvé son digne historien, comme il est encore

illustré par d'habiles artistes, qui, sous la direction d'un architecte distingué, M. Dupasquier, mesurent, dessinent et gravent avec un talent supérieur les parties principales du monument. Singulière coincidence ! deux Lyonnais, peut-être sans se connaître, chacun de son côté, font, dans le même temps, le premier avec la plume, le second avec le burin, deux œuvres diverses dignes du moment qui en est l'objet.

Il est juste, en terminant cette notice, de mentionner la belle exécution typographique du livre de M. Baux. Une observation, souvent faite de nos jours, c'est que la province n'a plus rien à envier à la capitale pour le luxe, l'élégance et la correction de ses livres. Celui de M. Baux, sorti des presses de M. F. Dufour, est une preuve nouvelle de la justesse de cette assertion.

www.ingramcontent.com/pod-product-compliance
Ingram Content Group UK Ltd.
Pitfield, Milton Keynes, MK11 3LW, UK
UKHW012127240726
13965UKWH00005B/2024

9 782013 073196